宋延平　主编

城市之路

——巴渝名人故事

西南大学出版社
国家一级出版社　全国百佳图书出版单位

图书在版编目(CIP)数据

城市之路：巴渝名人故事 / 宋延军主编. -- 重庆：西南大学出版社, 2021.10
ISBN 978-7-5697-0898-1

Ⅰ.①城… Ⅱ.①宋… Ⅲ.①历史人物-生平事迹-重庆-古代 Ⅳ.①K820.871.9

中国版本图书馆CIP数据核字(2021)第165497号

城市之路——巴渝名人故事

宋延军　主编

责任编辑：鲁　艺
责任校对：钟小族
装帧设计：观止堂_未　氓
绘　　图：方　楠
排　　版：夏　洁
出版发行：西南大学出版社(原西南师范大学出版社)
　　　　　地址：重庆市北碚区天生路2号
　　　　　邮编：400715
　　　　　市场营销部电话：023-68868624
印　　刷：重庆市国丰印务有限责任公司
幅面尺寸：148 mm×210 mm
印　　张：3
字　　数：58千字
版　　次：2021年10月　第1版
印　　次：2021年10月　第1次印刷
书　　号：ISBN 978-7-5697-0898-1
定　　价：25.00元

《城市之路——巴渝名人故事》

编写委员会

主　　编：宋延军

副 主 编：李　婕　李科凤

编写人员：屈　玥　陈华蕾　邓　君

　　　　　李诗佳　孙　璐　陈能雄

前言

物华天宝耀巴渝。重庆是我国中西部唯一直辖市、国家级中心城市和超大城市,国家重要的现代制造业基地,西南地区综合交通枢纽。重庆地处中国内陆西南部,是长江上游地区的经济、金融、科创、航运和商贸物流中心,西部大开发重要的战略支点、"一带一路"和长江经济带重要联结点以及内陆开放高地,享有"江城""雾都""桥都""山城"等美誉。重庆有长江三峡、世界文化遗产大足石刻、世界自然遗产武隆喀斯特和南川金佛山等壮丽景观,是"红岩精神"和巴渝文化发祥地,火锅、吊脚楼等影响深远。

文化都市英雄城。重庆是一个具有深厚文化积淀和浓厚英雄主义的城市。在历史长河中,曾四次筑城,抗战时期为国民政府陪都。奔流不息的长江和嘉陵江,向我们诉说着古老巴渝众多的名人往事,如战国时期的巴蔓子将军、秦汉时期的杰出女工商业主巴清、三国时期蜀中大将严颜、南宋名将王坚、巾帼英雄秦良玉、近代革命家邹容、中国共产主义运动先驱杨闇公、革命英雄江姐等,他们抛头颅、洒热血,在民族生死存亡的关头挺身而出,谱写出气壮山河的爱国诗篇。

铭记历史爱中华。"天地英雄气,千秋尚凛然"。一寸山河一寸血。在城市蓬勃发展的过程中,历史不容忘却,英雄可歌可泣。习近平总书记多次强调,青年一代有理想、有本领、有担当,民族就有希望、国家就有前途。广泛开展理想信念教育,深化中国特色社会主义和中国梦宣传教育,弘扬民族精神和时代精神,加强爱国主义、集体主义、社会主义教育,引导人们树立正确的历史观、民族观、国家观、文化观。激发当代青少年的爱国情、报国行、强国志,需要充分挖掘、凝练、弘扬中华传统文化、红色文化、经典文化和地域文化,并以人民群众喜闻乐见的方式来表现和传播。

传承弘扬新使命。进一步挖掘、凝练、传承和弘扬巴渝历史文化,编辑出版《城市之路:巴渝名人故事》正当其时。本书以习近平新时代中国特色社会主义思想为指导，响应党和国家的号召，贯彻落实党的十九大精神和习近平总书记系列讲话精神，将广大青少年耳熟能详的巴渝历史文化中的名人，与重庆中国三峡博物馆常设展览"城市之路"相结合，对现有巴渝历史名人故事进行搜集整理再创作，以青少年喜闻乐见的图文并茂的形式，加上生动活泼的语言，塑造了代表巴渝人民精气神的积极向上、正义凛然、英勇无畏的巴渝历史名人群像。

不忘本来谱新篇。《城市之路：巴渝名人故事》可以作为重庆中国三峡博物馆"重博学堂"青少年研学基地社会教育课程教材，面向参观《城市之路》的广大观众特别是重庆市青少年开展研学游实践教育活动，为当代青少年了解、认识、掌握巴渝历史文化奠定基础，从而让广大青少年耳濡目染优秀传统文化及英雄人物精气神。本书可以为重庆中国三峡博物馆在常设展览《城市之路》基础上设立巴渝名人故事专题展览厅《城市之路·巴渝名人故事》提供参考。本书还可以作为重庆中小学校开展了解、认识地方历史文化的社会教育课程的参考教材，让积极向上的历史名人的精神滋养广大青少年朋友,形成爱党爱国爱渝、胸怀天下的大爱情怀,进一步弘扬和传承中华优秀文化,增强青少年的文化自信。

重庆市教育委员会原副主任 牟延林教授
重庆市教育评估研究会会长

2020年11月30日

目录

第一章　早期巴渝城市化名人群 / 001

第二章　南宋名将王坚 / 017

第三章　巾帼英雄秦良玉 / 035

第四章　近代革命家邹容 / 043

第五章　中国共产主义运动先驱杨闇公 / 057

第六章　革命英雄江姐 / 069

后记 / 083

第一章

早期巴渝城市化名人群

一座城市的发展历史就是人民的奋斗史,是无数名人谱写的悲壮奏鸣曲。从战国到三国时期,为早期巴渝城市发展做出重要贡献的人物有巴国将军巴蔓子、杰出女工商业主巴清、蜀中大将严颜等。

——题记

一 巴国将军巴蔓子[1]

巴蔓子,生卒年不详,巴国忠州(今重庆忠县)人,是战国时期著名的将军,也是巴国历史上唯一青史留名的英雄人物[2]。大约公元前4世纪,巴国发生内乱,巴蔓子将军奉命向邻国楚国借兵,被迫以三座城池作为借兵的代价。事后,楚使索城,巴蔓子以头留城。他忠信两全的故事,成为巴渝地区传颂千古的英雄壮歌。

战国中期,地处西南地区的巴国走向衰落,国内政局不稳定。一些贵族趁机向巴王室索取政治经济利益,双方发生激烈冲突,以致最后发生了武装叛乱。驻守在巴国东部边境的巴蔓子决定赶回国都平乱。当时巴国因长期与蜀国作战,并要防备北方强秦的进攻,军队主要部署在西部和北部地区,平时由国君掌握,现在则落在了叛乱贵族手中。巴蔓子掌握的兵力不足以对抗贵族武装。有

---

[1] 故事改编自晋朝常璩《华阳国志·巴志》中的记载。
[2] 曾超.先秦时期枳地巴人军争录[J].长江师范学院学报,2010(6):70-76.

人对巴蔓子说："你是巴国的得力将军,现在巴国有难,你得赶快想办法收拾这个烂摊子。"巴蔓子左思右想,认为只有请求平时交好的楚国出兵平定叛乱,方为上策。于是他化装成老百姓,与几名亲信带着巴国出产的巫盐、丹砂、清酒等礼物,拿着他的巴式剑,坐上一艘轻便小船,顺清江而下,去往楚国。

巴蔓子历经艰难险阻到达楚国,向楚王说明来意,请求出兵帮助平乱。楚王向来敬重巴蔓子的为人,答应了他的请求,但提出了一个条件:以巴蔓子驻守的巴国东部三座城池作为出兵的酬劳。楚王说:"我们楚国的军队不可能随便为别国打仗。当兵的要吃粮,我们筹集军饷也不容易。你既然代表巴国向我借兵,就割让三座城给我,我也有个交代。你觉得这个提议怎么样?"

巴蔓子知道楚王一直对巴国领土虎视眈眈,以城换兵的提议根本就是趁火打劫。但他想到还处于水深火热之中的巴国老百姓,他们都还指望着他能够借兵回去平乱。况且,内乱迟迟不能平息,难免引发蜀国的侵犯,那就会国破家亡。最后,巴蔓子答应了楚王的条件,一心想着先将楚国军队借去平乱再说。楚王看着巴蔓子,还是觉得不放心,又说:"我现在把兵借给你,到时候巴王不认账,不愿意割让那三座城池,我找谁要呢?要不你把你的儿子送到楚国,他什么时候来,你就什么时候把军队带

走,如何?"在战国时期,抵押人质是很常见的外交手段,但人质送来需要时间,内乱恐怕一发不可收拾,借兵也就失去了意义。巴蔓子一下子急红了脸,大声对楚王说:"不行,人质到来所需时间太长。楚王如果怀疑我的诚信,这个兵不借也罢!你如果还相信我,今天就让我把兵带走,到时候你拿不到三座城,我把脑袋砍给你!我巴蔓子从来说话算数。"楚王见一向耿直的巴蔓子把话说到了这个份儿上,也不好再说什么,答应立即出兵。巴蔓子带着从楚国借来的军队赶回巴都江州,很快打垮了贵族叛乱武装,恢复了国内的正常秩序。叛乱平息后,巴蔓子将楚军送出境,随后自己也回到了驻守的地方,加强训练,积极备战。

过了一段时间,楚王派使臣找到巴蔓子,要求他兑现当初的承诺,将三座城池送给楚国。楚国使臣拿出随身携带的巴楚两国地图,交给巴蔓子。巴蔓子接过地图,将其慢慢卷起,郑重地交给了身边侍卫,然后转身对楚国使臣说:"当初我的确答应了楚王,割让三座城池给贵国。不过,你们也清楚,那是楚王趁我国遭遇危难之际强加给我的条件,是不平等的。我作为将军本来就守土有责,岂能私下将三座城池割让给他国。这个道理你应该明白。尽管如此,当初我答应了楚王,也一定要信守承诺,绝不让你为难。城不能割,但我的头可以割。你还是拿我的

人头去向楚王回话吧。"说完便拔剑自刎。

　　使者带着巴蔓子的人头回到楚国,将事情的经过向楚王进行了禀报。楚王非常钦佩巴蔓子的气节,感叹道:"假若我能得到像巴蔓子这样忠勇义气的将军,又怎么会在乎那几座城池呢?"他下令厚葬巴蔓子的人头,把他的头朝着巴国方向埋在一座高高的山上,使他日夜能看到自己的故乡。巴国也为巴蔓子举行了厚葬,其无头之躯埋葬在国都江州,任后人缅怀凭吊。

　　有道是:"头断头不断,万古须眉宛然见。城许城还在,年年春草青墓门。"

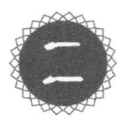 ## 杰出女工商业主巴清[①]

巴清,生卒年不详,巴人后裔,秦汉时期杰出的工商业主。她是中国最早的女性工商业主,其家族专门从事丹砂开采经销。她早年丧夫,终生守寡。据说巴清家族是秦始皇陵所用水银的重要提供者之一,也是修筑长城的重要捐助者。秦始皇为表彰其为国家所做贡献,在其故乡巴郡枳县筑起一座"女怀清台"进行旌表。

巴清出生在美丽的枳邑枳里乡。她从小勤俭持家,深受父母的喜爱。14岁那年,巴清在父母的安排下,嫁入一个专门从事丹砂开采和经销的家族。因为从小帮助父母打理家里事务,巴清非常有商业头脑,很快就能帮助丈夫做丹砂买卖了。可惜丈夫不久就去世了,留下她独掌家族庞大的事业。家族世代经营丹砂,成为地方巨富。巴清明白,要守住这份事业,一方面必须自己强大,另一方面必须获取周围人的信任与支持。巴清对支持她的人也很大方,对劳工搞好福利待遇,对宗族中落魄的人积极扶贫济困,宗族乡里归附她的人有千余家。她被乡人奉为"活神仙",受到当地人的尊崇。

---

① 故事改编自西汉司马迁《史记·货殖列传》中的记载。

　　家族以开采丹砂起家,在当地算是买卖丹砂的龙头,但由于通往北方的道路不畅通,开采的丹砂很难运出去,成本很高。秦统一全国后,实行"六国迁虏"政策。巴清属于巴地豪强,被要求迁往咸阳居住。据说,巴清带着丹砂到了咸阳,受到当地人的热捧。她很快在咸阳打开市场,并建立了丹砂商会,统一全国的丹砂价格,在咸阳、长安等地区广设经销点,将丹砂生意做到了全国。

　　但巴清还有一件心事:国家实行重农抑商的政策,家族因商致富,事业越庞大就越危险,甚至可能招来横祸,因此必须与权贵搭上关系才能保平安。不久,巴清的这

个愿望就有了实现的机会。秦始皇在骊山修建陵墓需要大量水银,而巴清家族世代开采丹砂,几乎掌握了巴地所有的资源,这是一个获得保护的好机会。于是,巴清为秦始皇陵地宫提供了大量的朱砂和水银,这一举动受到了秦始皇赞扬,从此巴清家族与秦始皇有了关联。为了有效地防御北方匈奴侵袭,秦始皇大规模修筑长城。为了完成这一艰巨的工程,秦始皇要求天下富豪捐金。巴清捐献了大量财富用于长城的修建,获得了秦始皇的嘉奖,为了表彰她所做贡献,在她的故乡修筑了"女怀清台"。

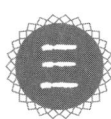 蜀中大将严颜

严颜(？—219)，东汉末年巴郡临江(今重庆忠县)人，为益州牧刘璋巴郡太守，领军守江州。史称他"善开硬弓，使大刀"，年纪虽高，精力未衰，有万夫不当之勇。在战场上被张飞生擒不愿投降，面对砍头威胁镇定自若、毫无畏惧，受到了张飞的欣赏，将其释放。

212年，刘璋因为害怕北方曹操和汉中张鲁的势力，决定与刘备合作，让刘备守益州(今成都)，共同抗击北方势力。严颜听到这个消息后,感叹道:"这就像独自坐在没有出路的深山里,放出老虎,以为可以保护自己,殊不知老虎是会吃人的。"[①]结果确实如严颜所料,一年后,刘备与刘璋决裂。张飞、赵云等人领兵到益州增援刘备,一路所向披靡,几乎所有城池都主动开门投降。大军到达江州后,严颜拒不投降,准备与张飞大战一场。

一日,士兵来报:"将军,敌军派来使节,见还是不见?"原来,这位使节是张飞派来招降的。严颜大怒:"江州无投降将军!"下令将使节驱逐回营。第二日,张飞亲自领兵出战。严颜深谙敌强我弱,要是正面应战,肯定有失城的风险,索性闭门不出,想等到对方粮草不够、军士懈怠之时,再一网打尽。张飞两次出战,都吃了闭门羹,军中士气萎靡,似有退兵之意。

严颜觉得时机成熟了,带了十几个得力干将,领兵潜伏在张飞退兵的路途中。半夜,张飞大军浩浩荡荡迎面而来。远远望去,张飞战马在前,拿着他的长矛,带领着大军往前走。严颜下令敲响战鼓,早就埋伏在四周的士兵们毫无畏惧地冲了上来。正在厮杀时,严颜忽然听到背后一人大声喊道:"不要走,我在这里等着你呢。"严颜定睛一看,此人豹头环眼,燕颔虎须,拿着丈八蛇矛。严颜与他大战几十个回合,还未分出胜负,于是拼尽全力一

---

① 改编自晋朝常璩《华阳国志·公孙述刘二牧志》中的记载。

刀砍向张飞,张飞一个躲闪逃到了一边,而严颜的勒马绳却被人扯住,把他拉下战马。他仔细一看,从后面扯住勒马绳的竟然是张飞。原来,与他交战的不过是一位与张飞相貌颇有几分相似的士兵。真假张飞合力将严颜生擒,其部下纷纷倒戈,江州失守。

入城后,张飞将严颜五花大绑,问道:"我张飞大军到此,你不赶紧投降,居然还敢与我大战!"面对有猛虎之威的张飞,严颜毫不畏惧,大声回答道:"你们侵占我们的家园,我们为什么要投降?江州没有投降将军,誓死要与你们抗争。"严颜强硬的态度惹恼了张飞,他怒发冲冠,命令

手下将严颜拉下去砍头。严颜大笑:"砍头就砍头,我不怕,你发怒干什么?"张飞钦佩他超乎常人的气概,让手下将其释放,说道:"刚才我言语有所冒犯,请你不要见怪,我张飞一向是非常敬重英雄的。"说完,给严颜奉上一杯酒,当作上宾款待。①

据传,严颜死后,葬于临江乌杨镇严氏家族墓地(今重庆市忠县境内)。乌杨是严颜故里,旁边有为纪念他而命名的将军溪、将军村。严颜生前官阶至二千石以上,死后立祠堂、修神道、筑双阙。墓阙的位置在墓址北部靠近江边的断崖上,通过墓阙,经过神道,即可到达严颜墓。

① 改编自晋朝陈寿《三国志·蜀书六》中的记载。

工匠为严颜设计了高5.4米的重檐庑殿顶双子母石阙,阙身雕刻有青龙、白虎、朱雀、三足乌、九尾狐、力士等。一天,夜幕降临,电闪雷鸣,天空下起了大雨。原本已经立起的墓阙突然倒塌,被冲到了断崖之下。大家认为是严颜自己不愿意立阙,于是后人也没有再商议立阙的事。唐朝将临州改为忠州,以纪念巴蔓子和严颜,还追封严颜为"壮烈将军"。

第二章

南宋名将王坚[1]

是他让蒙古大汗蒙哥在战争中重伤而亡,是他阻挡了蒙古铁骑迅速灭宋的步伐,是他让蒙古帝国征服世界的脚步停了下来。他就是南宋驻守钓鱼城的主将——王坚。

——题记

---

[1] 故事改编自元末脱脱等主持纂修的《宋史》。

 ## 有勇有谋的少年王坚

王坚是南阳邓州彭桥人,1198年出生。王家虽然是寻常百姓之家,但是王坚从小就有一颗为国之心,也很有胆略。碰到不平之事,他一定会出手制止。

王坚10岁时,一天他上街赶集,看到一个商店前人来

人往的,也探头望去,原来这是一家卖果蔬的店铺,由于货物新鲜,价格公道,引得人们争相购买,老板忙得不可开交。突然,眼尖的王坚看见一个小偷伸手拿了老板一枚铜钱藏在自己戴的头巾下面。他一步上前,大声喊道:"你偷钱!"小偷被他这一喊,有点发怵,但还是故作镇定地回答:"你哪只眼睛看见我偷钱了?我没有!"说完,拔腿就想跑。王坚一把拉住他,喊道:"叔叔阿姨们,你们快来看,我看见他把一枚铜钱藏在了他的头巾里面。"大家都围了过来。小偷威胁道:"小孩儿,信不信我打死你,就一枚铜钱,你至于吗!"王坚一听,眉头紧锁,义正词严地说道:"一日一钱,千日一千,歪风邪气,法不可依!"周围的人都啧啧称赞,拍手叫好! 小小年纪的王坚,就有了一颗正义勇敢之心!

铁血丹心的青年王坚

1219年,21岁的王坚心系国难,立志参军报国,经过招募加入了威震一方的忠顺军。因为是新成立的军队,士兵们都在练兵。在练兵之余,王坚等忠顺军士兵帮助当地百姓开垦良田,增加粮食产量,养得兵强马壮,常常给入侵的蒙古军队带来沉重打击。王坚因为作战勇敢、有谋略,成为忠顺军的得力将领。

1240年,蒙古军队准备造船南下,加速南侵。他们聚集了大批船只,还堆积了大量造船的木材。王坚得知敌情后,心想:难道就眼睁睁看着蒙军造船攻宋吗?不行,不能坐以待毙!他眉头紧锁,思考应对的策略。第二天,他就挑选了精壮兵将,准备了大量的引火材料,趁着夜色,凭借熟悉地形,翻越峭壁,悄悄地潜入蒙军造船的地方,不仅将造船材料烧毁,还将造好的船只全部破坏。王坚的行动粉碎了蒙古军队的打算,给他们以沉重打击,获得了重大胜利!蒙军统领得知后气愤至极,说道:"王坚,

今天这笔账,日后一定要你拿命来还!"王坚回到军营,忠顺军的将领们对他赞赏不已。他开始在军队中崭露头角,升为禁军统制。随后,王坚更是带领军队多次击败蒙古军队,收复了部分失地。

 守合州 筑固城池

1254年,王坚因战功显赫,升为兴元府都统兼知合州,并主持钓鱼城防务。当时合州的办公地就在钓鱼山

上,称为钓鱼城。这里山体高度有四百多米,三面环江(嘉陵江、渠江、涪江),一面临山,而且城中坡陡路窄,四周以巨石为墙,坚固无比。因地势险要,这里成为重庆的一道天险,自古被称为"巴渝要冲",也是当时南宋修筑的临江防御重镇之一。

王坚深知钓鱼城防御的重要性,平时除了派遣马匹侦查敌情、囤积粮食之外,不管刮风下雨、严寒酷暑,他都亲自监督将士,持戈守卫,昼夜巡逻,从不懈怠。尤其在得知蒙古军有擅长徒手攀崖的部队后,王坚更是倍加小心,在城墙上横铺细竹栅栏,上面系上铜铃,这样一来既能阻止敌人进攻,又能起到报警的作用。

王坚思维缜密,想到钓鱼城虽然有天险优势,但如果没有物资储备,万一日后城池被围无法破敌,随着围城时间的增加,城内早晚会缺粮缺水,守军士气会随着时间瓦解,最终不战而降。因此,他又调集军民数万人,开始在钓鱼城开掘大大小小的"天池"蓄水养鱼,并挖了一百多口水井,确保城内有水有粮,甚至还有鲜鱼可以食用。

光有吃的也不行,城墙还得加筑。于是王坚和士兵们每天不分昼夜,加筑城上至南北江边码头的城墙,全力加固战略重地钓鱼城的防务。钓鱼城在王坚的守卫下建得固若金汤。这些预先准备,在后来蒙古军队大举围攻钓鱼城时,发挥了重要作用,可见王坚的高瞻远瞩。据统计，当时有10多万军民在主将王坚的率领下，团结一心，坚决抗蒙。

 杀叛将 大振军威

1251年，蒙哥登上大汗宝座。他曾率军远征过欧亚许多国家，以骁勇善战著称，在稳定了蒙古政局后，便积极策划灭宋战争。1258年秋，蒙哥亲率大军，分三路入蜀，计划拿下四川后与忽必烈等其他大军会合，顺江东下直取南宋首都临安。

钓鱼城固然险要，但如果守将战意不坚，再坚固的城池也挡不住敌人。在钓鱼城之前，四川其他几处军事城防如大获城、运山城、青居城等都由于守将意志不坚而开城投降，如今挡在重庆身前的，只剩下钓鱼城这一座小小孤城。如果这座城池被攻下，西南地区的宋军再也无险可守，南宋的千里沃土似乎已唾手可得。

蒙哥早已听说钓鱼城军民一心，如果城内实施"坚壁清野"策略，钓鱼城地势易守难攻，蒙军一时也无从入手。蒙哥身经百战，自然明白即便攻克钓鱼城，自身也会损失惨重。因此，他放弃了猛攻，决定采取劝降策略。劝降成

功的希望虽然十分渺茫,但只要有一线希望,蒙哥都要尽力一试。那么,派谁去劝降好呢?他想到了一个最合适不过的人选,此人就是南宋叛将晋国宝。晋国宝是叛将,当然忌讳去劝降。他再三推脱,但军命难违,而且历来"两国交兵,不斩来使",他估计性命无虞,于是硬着头皮出发了。进入钓鱼城内,晋国宝见到了守将王坚。他不知羞耻地劝说王坚:两国实力摆在那里,宋朝灭亡是迟早的事,早点投降不仅可保自己的身家性命,还有享之不尽的荣华富贵;如果执意对抗,百姓要跟着遭殃,到时钓鱼城内肯定血流成河、生灵涂炭。王坚对晋国宝的叛徒行径早就恨之入骨,看到他还这么恬不知耻,真是火冒三丈。他断然拒绝投降,而且义正词严地把晋国宝训斥了一顿,说他不忠不义、数典忘祖,必定遗臭万年。晋国宝被训得无言以对。

王坚本想扣押并斩杀晋国宝,但身边幕僚说:"自古两国交兵,不斩来使。晋国宝虽是大宋叛将,但他毕竟是蒙哥汗的使者,我们不能坏了规矩,贻人口实。还是放他走吧!"王坚没办法,只好把晋国宝赶出钓鱼城。晋国宝灰溜溜地走了,他以为逃过一劫,连滚带爬往蒙军大营奔去。眼看就要到蒙军大营了,突然一骑快马追了上来,拦住了他的去路。晋国宝吓得脸色大变。马上一员大将横刀立马、威风凛凛,大喝:"叛将哪里走!"晋国宝明白,这

人肯定是王坚派来的。他颤抖着说:"为何拦我去路?"来将说:"请跟我来,王将军还有要事相告。"说完,把晋国宝带了回来。晋国宝此时的心情是又喜又怕,喜的是王坚可能改变了主意,劝降成功;怕的是再上城头,性命不保。

晋国宝被带到校场上。只见宋军整齐列队,王坚端坐在将台上,把案桌一拍,大喝一声:"把叛贼晋国宝斩首,以儆效尤!"晋国宝吓得魂飞魄散,只得硬着头皮大叫:"王坚,我是大蒙使者。两国相争,不斩来使。你不能杀我!"王坚冷笑道:"蒙使我已放了回去,现在杀的是追回来的叛国之贼! 要用你的人头祭旗,誓师抗敌!"说罢,大手一挥,高喊:"点炮开刀!"随着"咚!咚!咚!"三声炮响,晋国宝人头落地。这个可耻的叛徒,得到了应有的下场。

原来,王坚赶晋国宝出城后,心里依然愤愤难平,眼睁睁看着这个可耻的叛徒大摇大摆地走了,他实在咽不下这口气。他转念一想:在钓鱼城里我杀了他,属于斩来使,道义上说不过去,如果我追他回来再斩杀,就不违背道义了。于是,他立刻派出轻骑追回晋国宝,用正义手段惩罚了叛徒。钓鱼城守军声势大振。

五 袭战失利 蒙军受创

蒙哥见晋国宝劝降不成反被杀,心中十分恼怒,知道此路不通,于是召集将领商议进攻计划。蒙军将领大多骄横狂妄,再加上长期以来无坚不摧、攻无不克,大多数人主张强攻。蒙军大将术速忽里却说道:"四川现在大部分土地都是我们的了,目前宋军坚守者,不过合州、重庆等十几个州而已。如果继续强攻钓鱼城,消磨我军的锐气不说,还会白白耗费大量粮饷,是兵法的大忌。不如暂留一小部分人马在这里假装包围,大队人马移师东下,一

且攻破了临安,灭了宋室,这些孤城可以不战而下。"

蒙军将士素来轻视宋军,而且此次一路南下,沿途很多地方都因宋军投降而轻易得手,所以他们没把钓鱼城放在眼里,纷纷表示一定要与王坚较劲:大蒙铁骑何时服软,自动放弃?一定要强攻硬打,最后屠城逞威。蒙哥见大多数将领不愿放弃钓鱼城,就问没有说话的汪德臣:"爱卿胆大心细,智谋超群,对此有何提议呢?"汪德臣忙回答:"我愿意亲率先锋攻城!"

1259年2月,蒙哥下令以汪德臣为先锋,猛攻钓鱼城。汪德臣领命后,率领部队多次偷袭围攻,但是钓鱼城极其坚固,城内防守又非常严密,很难奏效。汪德臣只好传令停止攻击,待机而动。四月底的一天,汪德臣传令准备夜袭。到了夜间,雨越下越大。为了出其不意,汪德臣特地选在地势险要、最难攀登的地方偷袭。他率领士兵,口中衔着利刃,带上绳索,抬了云梯攀崖。

　　此时大雨如注,山高崖滑,蒙军好不容易要接近城头了。这时,一道长长的闪电把山上山下照得如同白昼。城上宋军惊呼:"蒙军攻城了!""当,当,当!"一阵铜锣猛敲。宋军将士听到锣响,立刻冒雨冲出营寨。王坚赶紧率领人马从内城出来,挥刀抗击蒙军,牢牢把守住各处要冲。宋军士兵抛石头攻击蒙军,一会儿工夫,云梯便折断了,没有登上城墙的蒙军纷纷坠地,死伤无数,不得不退回营地。钓鱼城守军在王坚的指挥下,击退了蒙军一次又一次的进攻。

六 蒙军使手段　王坚巧应对

　　后来,汪德臣因为伤重不治,在重庆缙云山一座寺庙中去世。失去这一得力助手,蒙哥精神上受到很大打击。钓鱼城久攻不下,蒙哥也烦忧不堪。蒙军大举攻蜀后,南

宋也对四川采取了大规模的救援行动，但增援钓鱼城的宋军被蒙军阻挡，始终未能施以援助。尽管如此，被围攻几个月的钓鱼城依然物资充裕，守军斗志昂扬。

由于钓鱼城特殊的地理环境，传统的抛石机、楼车、冲车等攻城器具在这里没有用武之地，蒙军便采用最传统的云梯"蚁附"方式向前攻击，但是进展缓慢。蒙古大军虽然南征北战，战斗经验丰富，但是连续攻击也伤亡惨重。蒙哥令部下采用其他办法打开缺口，夜袭、挖地道、潜水，把冷兵器时代能用的办法都用上了，但遇到顽强抵抗的宋军士兵，一番殊死拼杀后，始终无法突入，缺口很快被堵上了。

王坚见蒙军多次进攻都失败,决定送他们一份"大礼"犒劳。他令人捉来三十多斤鲜鱼,还有一百多张蒸好的大饼,投掷给城下驻守的蒙军。大饼里夹着一封信:"你们每天攻城也挺辛苦的,送给你们点鲜鱼、大饼,改善改善伙食,使劲吃,别客气,这样的鲜鱼、大饼,我们城里还够吃十年。"蒙哥听闻,盛怒之下,决定待时机成熟亲自督战!

七 蒙哥之死[①]

一转眼,蒙军围城已进行了五个月,战斗从二月份打到了七月份。重庆炎热的天气使得习惯了北方寒冷天气的蒙古将士极为不适应,疫病开始流行。但蒙哥还是不肯放弃,他心想:我们的人马尚且如此艰难,难道王坚他们面对这样的酷热就好过吗?于是他命令手下的工程兵:"你们给我建一座瞭望台,高一点的,让我看看钓鱼城内的情况!如果城里看不见炊烟,那就说明防守一方也

---

① 关于蒙哥之死有多种记载。本书采用周兴旺等所著《中国古代历史》中的说法,也可参考《重庆府志》。

经不住暑热了,离他们投降或破城就不远了。"于是蒙军加紧修建瞭望台。

  王坚得知对方搭建瞭望台,立即传令准备投石机护城。当时,王坚的守军已经在城内练习了五个月投石机,早已有所准备。有一天蒙哥登上瞭望台,宋军迅速用投石机接连投击巨石。蒙哥在瞭望台上身中飞石,大叫一声倒地。其他将领见蒙哥负伤,赶紧把他抬回营帐。由于伤口过大,又值酷暑时节,很快就感染了。1259年8月11日,蒙哥大汗去世,时年五十二岁。蒙军只得从钓鱼城下撤围。

1276年,南宋都城临安陷落之后,钓鱼城仍未弃守。1279年,南宋经崖山之战,大势已去。为了保全满城百姓,钓鱼城不得不开城降元。

八 改变历史的王坚

蒙哥去世之后,合州军民视王坚为"天神",纷纷赞扬他骁勇善战,铁血丹心。蒙古军队失去统帅,立即撤军,而蒙哥的弟弟们为争夺汗位也停止了征战。正在围攻鄂州(今武汉一带)的忽必烈,正在攻打潭州(今长沙一带)的塔察儿,已经攻占了大马士革、正准备进攻埃及的旭烈兀,主力都停止军事行动,引兵回师。蒙古的内战持续了很长时间,没有多余的精力去掠夺中原,延缓了南宋的灭亡,也使欧洲乃至非洲免遭蒙古铁蹄的践踏。世界历史也为之改写,钓鱼城由此被欧洲人称为"上帝折鞭处"。

王坚战功赫赫,抗蒙有功,朝廷对他赏赐有加。1260年,在朝权相贾似道担心王坚成为他夺权路上的障碍,于是心生一计,占着自己位高权重,朝中无人敢提反对意见,到宋理宗面前蛊惑,让王坚不再带兵。四年以后,王坚郁郁而终,获谥"忠壮"。合州军民从未忘记王坚的功绩,给他建碑记功,立祠祭祀。

第三章

巾帼英雄秦良玉[1]

她是唯一凭战功封侯的女将军,她让张献忠唯恐避之不及,她是历史上唯一作为王朝名将被单独立传载入正史将相列传的巾帼英雄。

——题记

---

[1] 故事改编自清张廷玉《明史·秦良玉传》中的记载。

一 胸怀大志的少年秦良玉

1574年,秦良玉出生于四川忠州(今重庆市忠县),其父秦葵是忠州大户人家子弟。秦良玉上有两位哥哥邦屏、邦翰,下有一个弟弟民屏。

少年时期的秦良玉聪明可人,是秦葵家中唯一的女孩,而且兼通词翰、仪度娴雅,所以得到父亲的钟爱。除了读书,良玉对习武、兵法也特别感兴趣,常常和弟兄们一起习武、骑马、技击。九岁的良玉刚学习射箭不久,便嚷嚷着要父亲带她去射箭。其父带着他们兄妹一起去射箭,没想到初学射箭的良玉箭箭中靶,远超兄弟。她高兴

得手舞足蹈,兴奋地对父亲说:"以后我也可以去打仗。"

秦良玉少怀大志,经常用历史上的爱国名将、民族英雄作为自己的榜样,她曾豪言:"使儿掌兵柄,夫人城、娘子军不足道也。"

二 代理夫职,立下赫赫战功

秦良玉成年以后,与石柱土司马千乘结为夫妻,婚后不久,秦良玉生下一子,取名祥麟。

秦良玉协助丈夫治理军务，训练出一支骁勇善战的地方武装。夫妻二人积极整顿军备，通过严格训练，建立起了一支战斗力很强、赫赫有名的"白杆兵"。这支部队使用一种根据当地地势而制造的矛端有钩、矛尾有环的特殊长矛。翻山越岭时，他们就将这些带钩长矛相连接，作为攀岩工具，在山地作战如履平地。长矛的矛身采用结实的白木制作而成，因而号称"白杆兵"。

中年时，秦良玉的丈夫被人迫害致死。秦良玉忍着悲痛，代理夫职，继续训练白杆兵，尽心尽力，保卫石柱的平安。

1620年，后金入侵辽东，明朝廷下旨征召他们奔赴辽东战场为国纾难。秦良玉接到诏命，立刻派哥哥秦邦屏和弟弟秦民屏率四千白杆兵先行，自己坐镇石柱，竭力保障后勤供应。

秦邦屏、秦民屏兄弟俩奉命救援被后金兵围困数月的沈阳城。当他们的急行军赶到沈阳西南的浑河时，传来了沈阳失守的消息。忠心报国的白杆兵勇渡浑河，刚刚到达浑河北岸，就遭遇了后金军队，双方展开了一场恶战。最终白杆兵寡不敌众，陷入重围，但他们在秦氏兄弟的率领下面无惧色，浴血奋战，杀敌数千，立下了辽东开战以来的首功。最后，秦邦屏和千余士兵不幸战死沙场，为国捐躯，身负重伤的秦民屏率领余部突出重围，成功脱

城市之路：巴渝名人故事

险。史载此次战役为"辽左用兵以来的第一血战"。

后金军随即进围辽阳，数日后辽阳沦陷。秦良玉在石柱得知战败消息，又听闻兄亡弟伤，千余白杆兵阵亡，心痛如绞。朝廷随即封秦良玉二品诰命夫人，赐"忠义可嘉"匾额，授其子马祥麟指挥使，诏令秦良玉援辽。

秦良玉当即率领儿子以及剩余白杆兵三千人星夜赶赴辽东，奉命驻守山海关，抵御乘胜而来的后金军。

1629年，后金可汗皇太极率十万兵众，绕道喜峰口，避开明军在宁远一代的主力，很快攻陷了喜峰口以西的长城边塞要隘，兵临遵化城下，直逼京城。铁骑逼近，京城震动，崇祯皇帝下诏天下勤王。然而，各地将领却只求自保，观望不前。秦良玉即刻提兵赴难，星夜兼程，直抵京师宣武门，解除危险。崇祯皇帝亲笔写下四首诗，赞赏秦良玉的功勋。

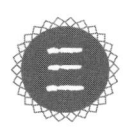

三 一腔碧血染丹青

张献忠占领蜀地后，只有遵义、黎州及石柱坚持抵抗。慑于秦良玉威名，张献忠部下无一兵一将敢入犯石柱。

1646年，由于战功卓越，在福州的隆武帝派使节到石柱，加封73岁高龄的秦良玉为"太子太保忠贞侯"爵，赐"太子太保总镇关防"印。秦良玉虽年逾古稀，她毅然接受封号，准备继续坚持抵抗。不料清兵攻陷福州，隆武帝被擒，南明灭亡，终未能成行。

　　1648年，秦良玉病重而终，享年75岁，谥"忠贞"，葬于重庆石柱，碑文彰示了这位女中丈夫的赫赫功勋："明上柱国光禄大夫镇守四川等处地方提督汉土官兵总兵官挂镇东将军印中军都督府左都督太子太保忠贞侯贞素秦太君墓。"

第四章

近代革命家邹容[1]

一座城市的名称与城市的历史密不可分。从街道名着手去追根溯源,可以了解到这座城市丰富的文化和动人的故事。在重庆市渝中区,有一条繁华的街道叫邹容路,就是为了纪念近代革命家邹容。

——题记

---

[1] 故事根据山东人民出版社出版的《邹容的故事》改编。

一 "叛逆"少年

重庆渝中区解放碑有一条繁华的步行街,被称作邹容路。这里车流如织,南北贯通。街道的一侧有个邹家祠堂,1885年,邹容就出生在这里。

邹容的父亲叫邹子璠,在这条街做着小生意,主要经

营棉纱、棉布和杂货生意。邹容出生后,父亲给他取名蔚丹,多年后,他留学日本时自己改名为邹容。

父亲邹子璠希望邹容走仕途,能够为官一方,光耀门楣。12岁时,邹容跟大哥一起去参加巴县的童试。在考场上,因考试题目晦涩,不少考生请求考官解释,但是遭到拒绝。邹容忍不住与考官辩论:"考题应简明清楚,既然晦涩难懂,考官理应做出解释。"考官大怒,认为邹容不遵守考试纪律,顶撞自己,便命人打邹容手心二十板。

邹容毫无惧色,指着考官大声说道:"我得罪的是你,为什么要叫人打我,要打你来打!"说完气愤地退出了考场。

父亲知道事情经过后,责罚了邹容。但邹容仍然据理力争,说:"臭八股我不愿学。衰世功名,得之又有何用?"父亲气愤不已,说道:"朽木不可雕,孺子不可教。"

后来,在家人的强迫下,邹容继续在重庆经学书院学习。读书期间,邹容常常指天画地,非尧舜,薄周孔,攻击程朱及清儒学说,因此被书院开除。

邹容十分关心国家大事,立志救国救民。戊戌变法失败后,当得知谭嗣同等六君子遇难的消息时,邹容悲愤不已,作诗曰:"赫赫谭君故,湖湘士气衰。惟冀后来者,继起志勿灰。"

二 东渡求学

1901年，16岁的邹容为东渡日本求学几经波折。他本已通过四川省首次选派学生赴日留学的考试，但临行之前又被某些顽固分子除名。有一天，家人商量是否支持邹容留学日本。邹子璠说："我本希望你能够中科举，取得举人或者进士功名，有个一官半职足矣。既然你取得了赴日本留学的资格，也是值得高兴的……"话音未落，邹容的舅舅刘华廷便接过话："你想去日本留学，可是为什么读书的时候还被经学院开除？考上了官费留学，

却被人说是'聪颖而不端谨',不符合条件而取消你的官费留学资格。这都是你行为不检点造成的,国家之大,你一人能拯救吗?"他又劝说邹容:"你还年轻,充满报国救国热情是可以理解的,但是你看看戊戌变法的结果,国家的衰落,是天运不济。谭嗣同奔走救国,结果却是人头落地,祸及父母,殃及族人。孰好孰坏,要三思而后行。"

邹容反对道:"如果人人都怕死,又何谈杀身成仁,舍生取义。如果每个人都像你这样想,那么国家便永远不可能崛起。"他又说:"活着就要于国于民有益,为国为家,即使粉身碎骨,也是人之义务。"说完便扬长而去。当年深秋,他从亲戚处借得路费,乘船自重庆出发,穿过三峡,顺流东下,到达上海,不久后进入江南制造局附设的广方言馆补习日语。后来,邹子璠经亲戚劝说,答应支付留日费用,支持邹容留学日本。

三 明志改名

1902年,邹容终于走出国门,前往日本留学。到日本后,邹容被这里的爱国救亡氛围所感染。他听说秋瑾改姓名意即再造自我,于是深受启发,决心也为自己改名。

他希望从此容颜改变,脱胎换骨,便想到"容"字,就称自己为邹容。

"邹容"这个名字便在留日学生中广泛传扬,他在反帝反封建战斗檄文《革命军》中,首次正式署名邹容,一百多万册的刻印本,成为清末发行量最大的反清读本,更使邹容的名字不胫而走,传扬到了海内外。

四 义惩学监

在日本，邹容不仅接触了大量的新思想，而且还广泛参加各种集会和演讲，积极从事各种爱国活动，爱国热情日益高涨。

在这期间，邹容结识了陈独秀先生。他们常常对时政、国事等有着共同的看法，对革命有着深刻的认识。

当时，陈独秀正在日本东京成城学校学习。清政府为了约束留日学生，专门派遣学监到日本督学，其中南洋学生监督姚煜常阻挠学生学习军事,而且生活腐化,引起众学生的公愤。

邹容和陈独秀等人便决定惩罚一下这个学监,为学生鸣不平。

1903年3月的一天晚上,邹容和陈独秀、张继、刘季平等人蹲守在姚煜家门之外,见他家中灯火熄灭后,便翻墙破窗而入。姚煜见一群人闯入,还来不及大呼,便被张继堵住了嘴,然后被按在地上。邹容顺势按住他的头,"咔嚓"一声,剪掉了他的辫子。他们将辫子悬于留学生会馆梁上,写上"南洋学监、留学生公敌姚某某辫",几人便相视一笑,扬长而去。

第二天，姚煜将此事上告。清政府要求捉拿邹容等人，在清廷和日本方面的双重压力下，邹容与陈独秀、张继等不得已回到上海。

五 自请入狱

1903年，进步人士陈范在《苏报》上全文连载了邹容的《革命军》。这篇两万字的战斗檄文，引起了清政府的极大恐慌，于是联合上海英国租界，抓捕了为《革命军》作序的章太炎。当时邹容有时间脱身，但他没有这样做。得知章太炎被捕后，邹容只身到英租界巡捕房投案。

邹容来到巡捕房，一名包裹着红头巾的印度狱警拦住邹容，问道："站住，来干吗的？"

邹容面不改色，说："我就是邹容，你们不是要抓我吗，现在我就在这里。"

狱警根本不相信眼前这位少年就是邹容，说："没事别在这里捣乱，赶紧走吧。"

邹容义愤填膺，大声说道："我就是邹容，《革命军》就是我写的，不信，你可以去取一本书来，我可以背诵，还可以讲解给你听。《革命军》里面说：革命者，天演之公例也；

革命者,世界之公理也;革命者,争存争亡过渡时代之要义也;革命者,顺乎天而应乎人者也;革命者,去腐败而存良善者也;革命者,由野蛮而进文明者也;革命者,除奴隶而为主人者也……"邹容大段背诵起来。

狱警惊讶不已,将邹容和章太炎关在一间牢房里,便去跟上级汇报了。

章太炎见到邹容,便问他:"你为何也被抓进来了?"

邹容回答道:"是我自己投案的。"

章太炎便叹气道:"留得青山在,不怕没柴烧啊。"

邹容说:"你是因为我而入狱,我哪里有逍遥在外的道理,革命同志就应该同生共死。"

章太炎被邹容的侠义所感动,默默地向他点点头。

章太炎比邹容大18岁,可谓忘年交,在狱中他们以诗唱和,相互激励。章太炎曾写《狱中赠邹容》一首:"邹容吾小弟,被发下瀛洲。快剪刀除辫,干牛肉作糇。英雄一入狱,天地亦悲秋。临命须掺手,乾坤只两头。"邹容即赋《狱中答西狩》相唱和:"我兄章枚叔,忧国心如焚。并世无知己,吾生苦不文。一朝沦地狱,何日扫妖氛?昨夜梦和尔,同兴革命军。"

后来,章太炎被判3年,邹容被判2年。个性刚烈的邹容,在狱中常为犯人遭受的非人待遇与狱监争辩,章太炎劝他心平气和地等待2年后出狱。清政府深知邹容年轻而激进,出狱后必会更加反叛,邹容的狱中结局便可想见了。

不幸的是,邹容距出狱只有两个多月时,即被折磨致病。1905年4月3日,在"风雨如晦,鸡鸣不已"的日子里,壮志未酬、年仅20岁的邹容,就病逝于狱中。

噩耗传出,中国教育会为他开追悼会。遗骸由革命志士刘季平冒险运出,安葬于上海华泾乡。南京临时政府成立后,临时大总统孙中山批示:邹容"照陆军大将军阵亡例赐恤"。

第五章

中国共产主义运动先驱杨闇公[1]

> 他使共产主义运动的星星之火在偏僻的西南燃起,他是中国共产党四川早期组织的创建者和卓越领导人,不屈服于敌人的威逼利诱,牺牲在敌人的枪口下。他就是中国共产主义运动的先驱杨闇公。
>
> ——题记

---

[1] 本章参考重庆市潼南县杨尚昆故里管理处主编的《杨闇公事迹》(中国文史出版社,2010年)编写。

一、活泼大胆的"叛逆"少年

1898年3月10日,杨闇公出生在四川潼南(今属重庆)双江镇一个封建大家族里。杨氏家族依靠加工粮食和贩运官盐发家,生意越做越红火,开起了"杨三泰"大盐号,统销川北一带的食盐。后来又开了"川元通"大商号,经销棉纱、丝绸、洋布、洋油等,利润颇丰,因此杨氏家族

富甲一方。杨闇公排行第四,共有11个兄弟,9个姐妹。

　　杨闇公6岁就进入私塾。8岁那年,同学们在学堂里一边摇头晃脑地背诵古书,一边摇着扇子取凉。忽然,杨闇公发现一位同学的大白扇子上面印满了小字,过去一看,不禁怒不可遏,高声呵斥:"国耻!国耻!简直是莫大的国耻!"说完将纸扇狠狠地掷在地上,"啪"的一下就摔坏了。顿时,学堂里鸦雀无声。大家都很惊讶,也很好奇:杨闇公为什么发这么大的火呢?被摔掉扇子的同学尴尬至极,一时也不明白其中缘由。杨闇公对那位同学说:"对不起,我摔坏了你的扇子,我会照价赔偿。"然后,他转身对其他同学说:"这扇子上面印着帝国主义强迫政府签订的不平等条约,这是奇耻大辱。这种侮辱我们民族的洋货,我绝对不会买,也希望你们不买不用,如果我以后看到了也一定会摔坏它!"

　　杨闇公虽然出生在大户人家,在他的身边却时常聚着一帮穿着破烂的伙伴。他们一起做出与封建礼教相抗争的举动:在茶馆当众剪掉族长的辫子;将祭祀祖坟的供品分给穷苦乡亲;设计惩治剥削农民的米贩子;为病弱的老妇主持公道等。他时常告诉身边的伙伴:"我是旧社会的叛徒,新社会的催生者。"

二 出生入死 策动反袁

1912年,袁世凯掠取革命果实,当了临时大总统,使中国处于帝国主义侵略和封建军阀统治之下。军阀混战不休,人民痛苦不堪。叛逆的杨闇公目睹国家的危难、人民的疾苦,苦苦寻求救国救民之道。1913年,他毅然背井离乡到上海,求助于从日本留学回国在上海商务印书馆作编译的大哥杨剑秋和从事反袁活动的堂兄杨宝民,由二人介绍到江苏军官教导团学习,并经杨宝民介绍加入了国民党。

在教导团，杨闇公系统学习了孙中山的学说，更加了解袁世凯的罪行。1915年12月，袁世凯窃国称帝，和日本帝国主义秘密签订卖国条约，遭到全国人民的反对。杨闇公毅然投入反袁斗争。他一面认真学习军事理论，一面频繁往返于上海、南京之间，购运军火，踊跃投身于反袁革命斗争活动中。

1916年，杨闇公奉命去江阴炮台发动武装起义。他说服了江阴要塞司令加入武装起义，还认识了好几位军官和一些热血青年。杨闇公向他们传播了孙中山的思想，鼓动他们参与到武装反抗袁世凯的起义中。为了准备起义的武器，杨闇公在上海秘密筹集和运送军火，不小心被巡捕发现了。他机智勇敢，穿弄堂，越房顶，终于摆脱巡捕的追踪，返回教导团。

一波未平，一波又起。杨闇公在江阴炮台从事反袁斗争的消息不胫而走，北洋军阀到教导团宿舍进行搜查。在万分危难之际，杨闇公越窗而出，逃至不远的江边。前有大江，后有追兵，他突然看到了一渔翁正在垂钓，急忙跑过去求救。渔翁问明情由后，十分同情，立即驾起小舟，穿苇荡，钻港汊，把杨闇公送到自己家中隐蔽起来，这才脱离了危险。

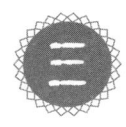

三 铭志马列,创建"中国青年共产党"

1917年杨闇公东渡日本,1920年回国。回国后,他坚持革命斗争,宣传马克思主义,寻找志同道合者,推动革命。他认为革命当从家庭始,因此动员家里的姐妹剪头发,放小脚。受他的影响,家里的女孩子都剪了辫子,被人们笑称为"鸡婆头"。他还鼓励弟妹们到大城市的学校上学,经过"家庭革命",杨闇公的弟妹们都走上了革命的道路。

1922年，杨闇公远赴成都，结识了恽代英、童庸生、吴玉章等人。1923年8月，经吴玉章介绍，杨闇公认识了刘伯承。杨闇公对刘伯承十分佩服赏识，在日记中写道："伯承确是不可多得的人才，于军人中尤其罕见"，"他真是天才，颇有见解。使此人得志，何忧乎四川。"二人深感相见恨晚，很快成为挚友。

　　1922年，杨闇公、吴玉章等一批有识之士意识到，要彻底革命，必须有一个坚强的无产阶级政党来领导，于是酝酿建立一个以马列主义为指导的革命组织。当时中国共产党虽已在上海成立，但由于四川地处僻远，信息闭塞，他们还不知道。1924年1月12日，他们在成都娘娘庙街24号杨闇公家的寓所里，正式成立了中国青年共产党。

　　在杨闇公和吴玉章的领导下，中国青年共产党人员日益增多，影响日渐扩大，使共产主义运动在偏僻的西南开始发展，是四川早期的马克思主义者创建革命政党、开展共产主义运动的一次实践。

四　宁死不屈，血染佛图关

　　1924年6月，杨闇公来到上海，寻求党的指导。不久后,他加入了中国共产党。1927年,杨闇公察觉到重庆军阀刘湘表面支持国民革命,暗中却与蒋介石勾结,预谋扼杀革命,担心原定于1927年3月31日举行的群众大会遭到破坏。3月30日,杨闇公召集负责人在中共重庆地委的秘密机关开紧急会议。他坚定地对同志们说道:"这是一场生死斗争,反动派要屠杀我们,不取决于我们这个会开与不开,要革命就不怕牺牲,怕牺牲就不是共产党人。"为了保护组织和同志的安全,也计划了一些紧急措施。经过多年的革命工作,杨闇公深感此次活动的危险性。回到家中,他对妻子赵宗楷说:"形势很紧迫,我们只有斗争,要做好牺牲的准备。"第二天,杨闇公一大早便起床了。刚下楼,父亲怕他发生意外,不让他出门。他对父亲说:"我们召集的大会,能够为了个人生命和利害而不去吗?"父亲知道自己无法阻挡儿子,含泪目送他出门。在明明知道群众大会可能受破坏,甚至有生命危险之时,杨闇公头也不回,真正是明知山有虎,偏向虎山行。

大会宣布开始之际,会场内外的便衣队和会场周围的军警暴徒便开始了有预谋的屠杀。一时间,乱枪骤起、流弹横飞,会场内尸横遍地。

杨闇公在群众掩护下逃离会场。特务中有人认出了杨闇公,大声喊道:"快抓住那个穿风衣的,他就是杨闇公!抓活的有赏!"正在这万分危急的时刻,杨闇公周围的群众一齐涌了过来,组成一道人墙,将特务们拦住。杨闇公跳下城墙,躲进通远门外一农协会员家中,躲过匪徒的搜捕,脱离险境。

4月3日夜晚,杨闇公同妻子赵宗楷和另外一个共产党员老范一道,从朝天门码头登上了"亚东号"轮船去武汉。4日黎明,望着渐渐远离的山城,杨闇公刚刚松了一口气,行至江心的轮船突然停下,一艘快艇向"亚东号"驶来,几名军警站立船头,齐声吼叫着:"停船!停船!不然就开枪了!"

在这万分危急的时刻,杨闇公首先想到的是党的机

密,他飞快地将随身携带的党组织名单取出来撕了个粉碎,一面往自己嘴里塞,一面将部分碎纸递给赵宗楷和老范。

杨闇公被捕后,被关押在重庆佛图关蓝文彬的司令部里,被连夜审讯。面对威胁引诱,杨闇公没有屈服,更没有说出党的秘密,反而大声痛斥反动派勾结帝国主义镇压人民的罪行。

4月6日,反动派将杨闇公推到佛图关的悬崖边,用枪和刺刀对准杨闇公的胸口。杨闇公知道,为国捐躯的时刻到了。他在刑场上高呼:"打倒帝国主义!打倒军阀!"

悲壮的声音在重庆的上空回响。反动派被这春雷般的呼声吓怕了,兽性大发。灭绝人性的特务用刀割去他的舌头,殷红的鲜血从口中流出。残暴的匪徒又挖去他的双眼,挥刀砍断了他的双手……

杨闇公巍然屹立,这位宁死不屈的战士全身都迸发出浩然正气。敌人被眼前这个铁骨铮铮的共产党员吓破了胆,射出三发罪恶的子弹,人民的优秀儿子杨闇公壮烈牺牲了,时年29岁。

杨闇公牺牲后,敌人将他的遗体弃置于悬崖下的麦地里。几天后,杨闇公牺牲的消息不胫而走,同志们找遍了佛图关,在已经长出麦苗的地里,发现了遗体。他们将遗体运到江北的相国寺里,请整容师整容,又请摄影师拍下遗容。杨闇公烈士的遗骸暂放相国寺,直到1938年,亲人用船将烈士的遗骨运回双江,葬在双江镇枣子湾黄家沟一僻静的小山上。

第六章

革命英雄

江姐[1]

解放前夕,重庆歌乐山上有一个隐蔽的地方,被称作"人间地狱"。江姐——重庆地区地下组织的重要人物,也被关押在此。为了革命的胜利,她面对敌人的严刑拷打,始终坚贞不屈,对革命事业无限忠诚。

——题记

---

[1] 故事根据李智主编的《江姐的故事》(湖南人民出版社2008年版)改编。

一　懂事孝顺的童年江竹筠

1920年8月20日,江竹筠出生在四川省自贡市大山铺镇一个叫江家湾的村子里,小时候就经常跟着母亲,带着弟弟去地里干活,除草、捉虫、摘菜、割猪草……懂事的小竹筠很快就学会了很多农活。为了给妈妈分担家务,姐弟俩争着帮妈妈干活。

有一天,妈妈从外面带回几只兔子,准备养大后卖掉,换钱补贴家用。"竹筠,以后照顾小兔子的任务就交给你了。你一定要把小兔养得白白胖胖的,过年的时候我们就能吃一顿好的了。"妈妈摸着小竹筠的头说。小竹筠听话地点了点头。果然,不用妈妈操心,小竹筠把兔子照顾得非常周到。

秋天来了,庄稼都收割完后,小竹筠便会挎个篮子去捡掉在地里的粮食。她想:"我每天多捡一点儿,家里便多一点儿粮食,妈妈和弟弟就不会挨饿了。"

有一天,妈妈从地里回来,远远便闻到从自家屋里飘出来的饭香味。她心里十分纳闷,便加快脚步往家里走去。回到家后，妈妈看见小竹筠正在灶台前做饭，心里一阵感动。小竹筠对妈妈说："妈妈，你在地里工作一天很辛苦，以后就让我来做饭吧。"妈妈看到小竹筠这么懂事，顿时流下了两行热泪。

淘气是小孩子的天性，即使是平时听话的小竹筠也难免。一天，妈妈回家后四处找不到小竹筠，心里十分着急。"万一竹筠有个三长两短，以后我可怎么活呀。"妈妈一边想，一遍加快脚步到处找。突然，妈妈听到小孩子的嬉戏声。远远望去，只见一群小孩子正在河里抓鱼，其中便有小竹筠。她手里抓着一条鱼,正在和旁边的小伙伴说说笑笑。妈妈走过去,一言不发地拉起小竹筠就往家里走。回到家后,妈妈不由分说便开始打小竹筠。小竹筠被吓坏了,因为从小到大,妈妈可没有动过她一个指头啊。

"竹筠,妈妈有没有告诉你,不要到小河里去玩?"妈妈生气地斥责她。

"有。"小竹筠小声回答道。

"那你今天为什么去小河里抓鱼,妈妈说的话你也不听了吗?"妈妈越说越急,手上的力气又大了几分。

"我们这几天一直吃粥,我想抓几条鱼给妈妈和弟弟吃。"小竹筠忍着痛说道。

听到这番话,妈妈的手停在了空中。她一把拽过小竹筠,紧紧地把她拥在怀中,失声痛哭道:"你们姐弟俩都是妈妈的命根子,万一你有个三长两短,叫妈妈怎么活啊。"听到妈妈的话,小竹筠也流下了眼泪,和妈妈紧紧抱在一起。

二 勤奋学习的少年江竹筠

江竹筠八岁的时候,江家湾发生了严重的旱灾,一家人每天只能吃一点腌过的树叶。眼看两个孩子的脸越来越苍白,妈妈急得每天以泪洗面。就在走投无路的时候,一封信给这个家庭带来了希望。信是远在重庆的外婆写来的,让李舜华(江竹筠的妈妈)带着两个孩子去重庆,一起住在三舅家。三舅李义铭在重庆开办了一家医院,渐渐过上了富裕的生活。他得知妹妹的遭遇后,便邀请她来重庆生活,以渡过难关。李舜华考虑再三后,简单收拾了衣物,便投奔李义铭。

在重庆,姐弟俩进入三舅办的学校学习。江竹筠很感激三舅为她提供的学习机会,努力地读书。在这里,江竹筠开始了真正意义上的学习生涯,也开启了她接受革命洗礼的大门。

这时,江竹筠已经十二岁,入学后从初小读起。夏天,同学们都聚集在风扇下吹风,只有她拿着笔计算数学题;冬天,同学们坐在火炉边取暖,只有她还在教室里背课文。在考试中,她门门功课都获得了优异的成绩。按照学校的规定,她获得了连跳三级的资格,直接升到四年级。

面对取得的成绩,她没有自满,而是更加努力。每天的课外活动时间,同学们玩耍的时候,她都在读书。可是在嘈杂的环境里,她根本没办法读书。后来江竹筠在学校僻静处发现了一棵大树,于是每天活动时间便坐在大树上读书。

　　江竹筠是个亲切温顺的女孩,有时候又非常犀利和泼辣。班上有一位男同学的作文和书法非常优秀,她便虚心地向他请教。有时候为了一个问题,会一直缠着同学,直到自己完全理解为止。有的同学被她缠得不耐烦了,说:"还没有问完?我要去踢球了。"这个时候,文静的江竹筠就会严厉地说:"同学之间应该相互帮助,遇到难题大家一起解决。你这是什么态度?自己学会了一个问题,就不管同学有没有学会,你这是互帮互助的精神吗?你忘了老师的教导吗?"同学被她说得理屈词穷,只得乖乖地坐下来替她解答问题。久而久之,"地辣椒"成了大家对江竹筠的别称。

三 一心向党的青年江竹筠

1939年春天,江竹筠考入重庆远郊的中国公学附属中学。江竹筠知道,中国公学是由爱国人士何鲁创办的,19岁的她怀着兴奋的心情进入了学校。

江竹筠亲切、文静,很快受到同学们的喜爱。她还是和从前一样,特别爱读书。不管是哪个同学,只要有进步书刊,她都会借阅。她的这些表现,同班同学戴克宇都看在了眼里。戴克宇有很多进步书刊,大大满足了江竹筠对共产主义的向往。随着借书次数的增加,两人渐渐熟悉起来。

有一次,戴克宇借给江竹筠两本书:《母亲》和《铁流》。江竹筠看完后,非常激动,便与戴克宇讨论。"你说他们为什么能这么坚强,不怕牺牲?"江竹筠问道。戴克宇说:"因为信仰。一个人有了信仰,就不会轻易被打倒。"

江竹筠在心里猜测,戴克宇可能是共产党员吧。她和其他同学不一样,能清晰判断当前的形势。这让她更加希望加入共产党。

这年夏天,蒋介石发动了又一轮反共高潮。在学校里,三青团四处寻找共产党员,宣扬反共论调,恐吓进步学生,压制抗日游行,紧张的氛围弥漫了整个校园。江竹筠身边的同学,有人迷茫,有人沮丧,有人开始退缩。她很心痛,下定决心要找到共产党,拯救自己的祖国和同胞。

江竹筠对戴克宇说:"我们不可以坐以待毙。我决定离开学校,到外面去,找到共产党,做些实质性的有意义的事情。"戴克宇劝她说:"整个国统区都是一个样,你能走到哪里去?还是在学校做一些力所能及的事情吧。"江竹筠说:"我一定要找到共产党。加入共产党,才能参加真正的战斗,否则像在黑夜里走路一样,看不到方向。"看到她这么坚定,戴克宇神秘地说:"要找到党组织,学校里就有。""你怎么知道?莫非你真的是共产党员!"江竹筠兴奋不已。在戴克宇点头承认后,她要求立即加入中国共产党。

江竹筠在学校的表现，党组织已经非常了解。在她提出加入党组织之后，戴克宇交给她一张志愿表和一张申请表，要求她填写。江竹筠回到宿舍，认真填写了入党志愿表和申请表，然后交给了戴克宇，心情激动地等着党的回复。第二天，李培根、戴克宇以及另外一名委员，为江竹筠举行了入党仪式。

四 意志坚定的共产党员

1944年秋,江竹筠考入四川大学。1946年7月,她回到重庆,参加和组织学生运动。1947年春,中共重庆市委创办《挺进报》,江竹筠负责校对、整理、传送电讯稿和发行工作。1948年6月,由于叛徒出卖,江竹筠不幸被捕,关在了重庆的渣滓洞监狱。

徐远举是国民党西南行辕二处处长,他对江竹筠进行了审问。他貌似好心地说:"只要你把组织人员说出来,我们是不会对你用刑的。想要什么都可以,我们都会答应。"然后便抛出了一长串的问题:"你的丈夫是干什么的?谁是你的上级领导?你与哪些人有联系……"

江竹筠平静地回答:"你说的这些我都不知道,更是无从回答。你们这是非法拘禁,无法无天,最好马上释放我。"看到江竹筠临危不惧,徐远举开始恐吓:"你最好乖乖交代,否则就别想出这个门。"

面对徐远举的提问,江竹筠沉着应对,嘴里只有两个答案:"不知道""不认识"。

徐远举恼羞成怒,开始对江竹筠用刑。特务把四棱筷子夹在她的指缝间,凶狠地夹她的手指。十指连心,过度的疼痛让她晕了过去。被冷水泼醒后,徐远举又问:

"现在说不说?不说就继续夹,一直夹到你说为止。"

江竹筠异常坚定:"你们还有没有其他招数,尽管使出来。筷子、刀子,我都不怕。"

江竹筠强硬的态度大大超出特务们的意料,徐远举大声嚷道:"再不说,吊刑伺候!"如此这般折腾了几个小时,江竹筠受尽折磨,却仍不吐一字。徐远举无计可施,只好下令:"先把她押下去,以后再审。"

敌人一次又一次地对江竹筠用刑,老虎凳、辣椒水,也没能让江竹筠屈服。特务们黔驴技穷,不得不放江竹筠回牢房。

难友们都很担心江竹筠的生命安全,焦急地等待着她的归来。终于,他们看到江竹筠蹒跚着向牢房走来,满身伤痕,双手滴着鲜血,但是仍旧神情坚定,一身正气。

五 革命烈士的最后一刻

1949年,蒋介石反动政府败局已定。经过密谋,徐远举等计划对共产党员开展杀害行动。11月14日,阳光明媚。上午,特务们全副武装地来到她们面前:"江竹筠、李

青林站出来,马上跟我们走。"

江竹筠意识到,特务们要对她们动手了。她脱下囚衣,换回自己原来的衣服,整理了一下仪容,最后用目光向牢友们告别,便头也不回地走出牢房。这一去便是永别。看着她的背影,牢房里隐隐响起一阵啜泣声。

傍晚时分,江竹筠等人被特务们押到一条人迹罕至的小路。江竹筠明白,这一刻来了,自己即将为革命事业献出宝贵的生命。

前方夜色如墨,只有呼呼的风声。她向着天空,高声喊道:"中国共产党万岁!""打倒反动派!"同行的难友们和她一起高呼,响亮的口号霎时传遍四野。押送的特务们慌了,"呯、呯、呯",沉闷的枪声响起,一个个伟岸的身躯倒了下去。

1949年11月14日,江竹筠和她的战友一起,光荣地牺牲了。

江竹筠去世了,但是她的精神影响了一代又一代人。她让我们学会坚强,坚持信仰,守得云开见月明。

后 记

　　知所从来,思所将往。重庆是一座英雄的城市,波澜壮阔的革命历史,为我们留下了极其丰富的精神资源。对巴渝名人故事的挖掘和整理,是铭记光辉历史、弘扬英雄精神、传承红色基因的必然要求,是新时代我们每一个重庆人的责任和使命。总结、梳理名人故事,在青少年中做好对巴渝名人的科普宣传,是一项极其重要并且有意义的工作。因此,我们克服种种困难,希望以青少年喜闻乐见的形式向他们讲述巴渝名人的故事。时间的跨度、史料的广度、内容的深度,注定了编写的难度。但是在挑战和压力面前,我们唯有努力尽善尽美。

　　磨砺雕琢,精益求精。在编写过程中,我们成立团队,理清思路、广泛调研、收集资料,确定了巴渝名人数量、编写框架、人物故事、创作内容等，几经反复，数易其稿。在巴渝名人资料整理过程中，大家更加觉得这是一件很有意义、很有价值的事情，但实际做起来，却比想象中更为复杂。人物史料收集的困难，故事选择的取舍，语句表达的推敲，绘图设想的准确表达，越到编写的最后，越是觉得意犹未尽，感慨万分。

聚焦品格，刻画内心。编写团队的每一位成员，不计名利、不讲条件地分工合作，精诚团结，为书稿的出版付出了艰辛的努力和劳动。终于，在大家的努力下，《城市之路：巴渝名人故事》书稿完成了。全书共六章，分别是早期巴渝城市化名人群、南宋名将王坚、巾帼英雄秦良玉、近代革命家邹容、中国共产主义运动先驱杨闇公、革命英雄江姐。本书主要聚焦这些人物身上激情奔放的爱国主义、坚定不移的理想信念、舍生忘死的无私奉献、正义凛然的英雄主义等精神品质，希望青少年能够传承巴渝名人的光辉事迹，珍惜历史文化名城，珍惜今天和平幸福的生活，从而升华自己的人生观、价值观与世界观。

未雨绸缪，星火燎原。本书第一章（约6000字）编写者为屈玥、李科凤；第二章、第三章（约15000字）编写者为陈华蕾、李科凤、孙璐；第四章（约8000字）编写者为李婕、李科凤、李诗佳；第五章（约8000字）编写者为屈玥、李科凤、邓君；第六章（约8000字）编写者为李婕、李科凤、陈能雄。本书由宋延军定稿。

感谢重庆中国三峡博物馆、西南大学出版社领导和编辑对本书给予的大力支持。编辑过程中，参考与借鉴了大量有关巴渝历史人物的书籍，未一一列明，在此向原作者表示衷心的歉意、谢意与敬意！由于时间紧、任务重，书稿中难免存在一些遗漏或不够准确的地方，敬请各位读者和各位专家批评指正。

不忘本来，走向未来。名人是一个民族最闪亮的坐标，巴渝大地因有他们而格外耀眼。希望每当人们仰望历史璀璨星空，寻觅名人的精神发源地，总能看到为城市发展而呕心沥血的巴渝名人群像在星空中熠熠生辉。每当重温这些巴渝名人故事，心中就会充满对重庆这片绿水青山的无限热爱，充满对祖国壮丽山河的无限热爱。他们的事迹,将激励广大青少年勇敢肩负起时代赋予的重任,志存高远,脚踏实地,努力在实现中华民族伟大复兴的中国梦的生动实践中放飞青春梦想!

宋延军

2021年10月12日